AF555831

Norzy

Vente des Jeudi 14 et Vendredi 15 Février 1867

TABATIÈRES

BONBONNIÈRES

MINIATURES ET ÉMAUX

PORCELAINES — SCULPTURES

Vente Norzy

Exposition publique le Mercredi 13 Février

Me CHARLES PILLET,
COMMISSAIRE-PRISEUR

M. CHARLES MANNHEIM,
EXPERT

1867

CATALOGUE

D'UNE JOLIE COLLECTION

de

TABATIÈRES & BONBONNIÈRES

MINIATURES & ÉMAUX

DES ÉPOQUES LOUIS XIV, LOUIS XV ET LOUIS XVI

Bijoux enrichis de diamants;
Médaillons et Panneaux en vernis de MARTIN; Éventails;
Matières précieuses; Orfévrerie Louis XVI;
Anciennes Porcelaines de Chine, de Saxe et de Sèvres; Sculptures en ivoire;
Jolie Statue de jeune Fille en marbre blanc;
Objets variés

DONT LA VENTE AURA LIEU

HOTEL DROUOT, SALLE N° 8

Les Jeudi 14 et Vendredi 15 Février 1867

A DEUX HEURES.

Par le ministère de Me CHARLES PILLET, Commissaire-Priseur,
rue de Choiseul, n° 11,

Assisté de M. CHARLES MANNHEIM, Expert, rue de la Paix, n° 10.

Chez lesquels se trouve le Catalogue.

EXPOSITION PUBLIQUE

Le Mercredi 13 *Février* 1867, *de une heure à cinq heures.*

CONDITIONS DE LA VENTE

Elle sera faite au comptant.

Les adjudicataires payeront *cinq pour cent* en sus des enchères.

L'exposition mettant le public à même de se rendre compte de l'état des objets, il ne sera admis aucune réclamation une fois l'adjudication prononcée.

Paris. — Imprimerie de Pillet fils aîné, rue des Grands-Augustins. 5.

ORDRE DES VACATIONS

Le Jeudi 14 Février 1867

Tabatières et Bonbonnières	1	à	43
Miniatures et Émaux	67	—	108

Le Vendredi 15 Février 1867

Bijoux	44	à	63
Orfévrerie	64	—	66
Médaillons en vernis de Martin	109	—	125
Porcelaines	126	—	168
Sculptures	169	—	174
Objets variés	175	—	181

DÉSIGNATION DES OBJETS

Tabatières et Bonbonnières

1 — Belle boîte de forme carrée à angles coupés, en laque rouge, doublée en or et garnie d'ornements en or gravé et découpé à jour. Elle est enrichie sur cinq de ses faces de jolies peintures en grisaille sur émail montées à enfantement et représentant des groupes de femmes et d'Amours. Le bec est enrichi d'une branche de fleurs exécutée en roses et rubis. Epoque Louis XVI. On lit sur la gorge : *Roucel, orfèvre du roi, à Paris.*

2 — Boîte de forme analogue, doublée en or et montée à cage en or de couleur ciselé à feuillages. Cette boîte est ornée de dix jolies miniatures en grisaille sur ivoire, par de Gault, représentant des sujets de bacchanales. Epoque Louis XVI.

3 — Petite boîte de forme ovale, du temps de Louis XVI, doublée en or, et montée à cage en or très-finement ciselé

à festons de fleurs, pilastres et ornements. Cette boîte est enrichie de dix jolis fixés représentant des paysages et des sujets de marine.

4 — Boîte de forme oblongue doublée en or et montée à cage en or ciselé à feuilles d'acanthe. Elle est ornée sur toutes ses faces de jolis fixés représentant des paysages, des fêtes champêtres, des sujets militaires et des marines. Epoque Louis XVI.

5 — Boîte ronde, en écaille blonde galonnée d'or. Le couvercle est orné d'une trés-jolie miniature sur ivoire, par Chasselat, représentant une jeune femme dansant dans un parc. Epoque Louis XVI. Collection Soret.

6 — Boîte ronde doublée en or et montée à cage en or ciselé à rinceaux. Elle est ornée de six jolies miniatures sur ivoire, par Both et Baudoin, représentant des fêtes villageoises et diverses scènes champêtres. On lit sur la gorge: *Vachette et Ouizille, bijoutiers du roi, à Paris*, et à l'intérieur: *Both et Baudoin. Pinxit en* 1770. Collection Soret.

7 — Jolie boîte Louis XVI, de forme ovale, en or émaillé gros bleu enrichie de cordons finement ciselés en relief et émaillés en couleurs. Sur le couvercle se trouve un médaillon finement peint sur émail en grisaille sur fond rose, représentant Pygmalion et Galathée.

8 — Grande et belle boîte ovale, en or émaillé à paysages en

grisaille, sur fond opalin, enrichie de cordons et de pilastres ciselés et émaillés. Le couvercle est orné d'une peinture sur émail à deux personnages. Epoque Louis XVI.

9 — Belle boîte de forme carrée à angles coupés, en or guilloché, émaillé vert et à cordons et pilastres composés de festons de lauriers, réservés en or ciselé en relief sur fond d'émail de même nuance. Le dessus est orné d'un médaillon peint sur émail, figures et attributs. Epoque Louis XVI.

10 — Boîte ovale, ornée de six jolis fixés représentant des fêtes de village et des sujets de marine attribués à De Lioux de Savignac. Cette boîte est doublée en or et montée à cage en or ciselé à ornements. Epoque Louis XVI.

11 — Boîte de forme carrée à angles arrondis, ornée de six panneaux d'écaille noire posée et piquée d'or, représentant des paysages, des trophées et des animaux. Elle est montée à cage et doublée en or.

12 — Boîte ronde en vernis de Martin, décorée de figures d'après Boucher, et de paysages en couleurs sur fond d'or.

13 — Boîte ovale en vernis de Martin, décorée de figures et de paysages dans le style de Teniers, sur fond d'or.

14 — Boîte ronde en vernis de Martin, décorée de groupes

d'Amours et de trophées en couleurs sur fond quadrillé rouge transparent et encadrements d'or.

15 — Boîte de forme carré-long en écaille doublée en or. Le couvercle est orné d'une peinture sur émail, représentant le portrait de Ninon de l'Enclos, montée dans un cadre à réverbère en or finement ciselé, à cornes d'abondance et rinceaux.

16 — Belle boîte ovale en vernis de Martin, fond vert, enrichie d'incrustations d'or de couleurs, représentant des festons de fleurs et des attributs divers. Cette boîte est doublée en or et ornée de six émaux de forme contournée et montée à enfantement, représentant un sujet et des attributs champêtres. Epoque Louis XV.

17 — Drageoir de forme ovale en or finement ciselé à fleurs et oiseaux. Le fond et le couvercle sont formés de plaques d'agate orientale et le dessus est enrichi d'une frise d'émail imitant le lapis. Epoque Louis XIV.

18 — Belle boîte de forme carrée à contours en or repoussé, ciselé et gravé à figures dans le style de Watteau et à ornements rocaille et fleurs. Epoque Louis XV.

19 — Jolie boîte Louis XVI, modèle navette, en or émaillé gros bleu, à cordons finement ciselés en relief et émaillés en couleurs, et enrichie d'entourages en jargon.

20 — Boîte ovale du temps de Louis XVI, en or guilloché, à cordons ciselés en relief et à médaillon sur le couvercle, représentant divers attributs de chasse en or de couleurs ciselé. 285 —

21 — Boîte de forme carrée en écaille piquée d'or à ornements de la plus grande finesse d'exécution, montée à cage et doublée en or.

22 — Boîte de forme carrée et plate dont le couvercle et le fond sont garnis de plaques d'écaille enrichies d'ornements en posé et piqué d'or rehaussés d'incrustations de nacre de perles. L'intérieur du couvercle est orné d'une miniature à deux personnages attribuée à Klingstett.

23 — Boîte ovale ornée de bandes d'acier bleui et d'or alternées, montée à gorge à charnière et galonnée en or finement ciselé à ornements. Epoque Louis XV.

24 — Boîte de forme carrée à angles arrondis, ornée de deux plaques de jaspe, et dont le pourtour est en or finement gravé à ornements.

25 — Boîte ronde en écaille posée d'or, ornée d'une miniature sur vélin, représentant un sujet de marine d'après Joseph Vernet.

26 — Boîte de forme carré-long en écaille, montée à gorge à charnière en or gravé à fleurs et ornements. Le dessus est

*

orné d'une miniature sur vélin, représentant une fête champêtre et signée : Blarenberghe à Lille. Cette miniature est montée dans un cadre en or gravé.

27 — Belle boîte ovale en or finement ciselé à figures et à ornements de style rocaille. Elle représente des jeux d'enfants et des sujets champêtres exécutés en or de couleurs ciselé en relief sur fond gravé à mille raies. Époque Louis XV.

28 — Boîte de forme carrée, doublée en doublé d'or et montée à cage en or ciselé à pilastres, rinceaux et ornements. Elle est garnie de six jolis panneaux représentant divers sujets chinois, exécutés en marqueterie de bois de couleurs de la plus grande finesse d'exécution.

29 — Boîte de forme carrée à angles arrondis, en vernis de Martin, décorée de groupes d'oiseaux se détachant en couleurs sur un fond d'or quadrillé. Monture à gorge à charnière en or et bec repoussé à ornements rocaille. Époque Louis XV.

30 — Boîte de même forme en vernis de Martin. Le dessus et le fond sont décorés de groupes de figures dans le style de Vatteau, et le pourtour offre des groupes d'animaux et de volatiles se détachant en couleurs sur fond rouge transparent.

31 — Petite boîte de forme ovale en or guilloché émaillé

rouge et cordons composés de grecques réservées en or sur fond rouge.

32 — Boîte de forme ovale allongée, en or guilloché émaillé rouge, enrichie de cordons et pilastres en or de couleurs ciselé.

33 — Petite boîte de forme carrée à contours en écaille posée et piquée d'or à ornements rocaille. Époque Louis XV.

34 — Boîte de forme carrée en émail de Saxe à sujets Watteau, décorés en couleurs sur fond blanc.

35 — Drageoir ovale en écaille posée d'argent à ornements, écusson et figure d'Hercule. Époque Louis XIV.

36 — Boîte de forme carrée à angles arrondis en ancienne porcelaine de Saxe émaillée blanc, décorée de mosaïques en relief exécutées en nacre de perle, écaille et burgau et représentant le triomphe de Vénus et des trophées. L'intérieur du couvercle présente les figures de Bacchus et Ariane finement peintes en couleurs. Monture à cage en or ciselé, enrichie d'ornements et de fleurs émaillées en couleurs. Époque Louis XVI.

37 — Très-petite boîte style Louis XVI en or guilloché, à cordons ciselés en relief émaillés blanc et vert émeraude. Le couvercle est orné d'un trophée en or de couleurs finement ciselé.

38 — Boîte de forme carrée en écaille posée et piquée d'or à ornements rocaille. Époque Louis XV.

39 — Boîte de même forme en écaille posée et piquée d'or, enrichie d'incrustations de nacre de perle représentant des bouquets de fleurs.

40 — Boîte carrée en cornaline montée à cage en vermeil. Le couvercle est enrichi d'une mosaïque en relief représentant un bouquet de fleurs.

40 *bis* — Boîte de forme contournée du temps de Louis XV, en ancienne porcelaine de Saxe, décorée de combats de cavaliers et de sujets maritimes; gorge à charnière en or, le bec formé par un aigle tenant une couronne.

41 — Boîte en forme de nacelle en écaille posée d'étoiles d'or.

42 — Petite boîte à curedents modèle navette, en écaille posée en or à étoiles et ornements.

43 — Boîte ovale en or guilloché émaillé rouge, enrichie de rosaces et de médaillons représentant des bustes et des sujets allégoriques finement peints en grisaille sur émail. Le médaillon du couvercle offre un portrait de femme peint en couleurs, et les cordons de la boîte sont ornés de feuillages émaillés vert et pois d'émail blanc. Époque Louis XVI.

43 *bis* — Boîte de forme hexagone allongée en or émaillé

gros bleu à médaillons de personnages. Le couvercle est enrichi d'un rang de demi-perles.

Bijoux

44 — Trois boutons de chemise et deux paires boutons de manchettes formés chacun d'une émeraude entourée de brillants.

45 — Jolie montre en or, entièrement couverte de diamants formant rosaces; un de ses côtés découpé à jour permet de voir le cadran émaillé.

46 — Lot de brillants sur papier.

47 — Épingle d'homme formée d'une sphère pavée de diamants.

48 — Chatelaine Louis XVI en or guilloché et ciselé, à maillons découpés à jour.

49 — Cachet formé d'un buste de nègre en agate onix monté sur un pied de forme cylindrique en agate orientale garni en or et enrichi de rubis cabochons.

50 — Étui Louis XVI en or ciselé à festons de lauriers et ornements.

51 — Écritoire en cristal de roche formé d'un petit vase surbaissé et d'une figurine debout. Travail chinois.

52 — Théière en jade verdâtre en forme de vase, modèle balustre aplati à anse et goulot pris dans la masse et à couvercle surmonté d'une chimère relié à l'anse par une chaîne à maillons en jade. Travail chinois.

53 — Porte pinceaux en cristal de roche, de forme basse et à ornements découpés à jour.

54 — Éventail du temps de Louis XV, dont la monture en ivoire sculpté à figurines, bustes et ornements, est rehaussée de dorure. Les deux montants sont enrichis de deux miniatures sur ivoire représentant des portraits de femme et sa feuille, finement peinte en couleurs, représente un sujet de personnages.

55 — Petit éventail en vernis de Martin sur ivoire, il représente sur une de ses faces un sujet de personnages et sur l'autre un sujet de chasse.

56 — Éventail Louis XVI en ivoire à ornements finement découpés à jour et à médaillons réservés décorés de figures.

57 — Petit plateau et socle-étagère en forme de losange, en ancien laque du Japon décoré de paysages en or sur fond aventuriné.

58 — Petit vase à une anse et à couvercle bombé garni de

trois petites oreilles, en émail cloisonné décoré d'ornements en couleurs sur fond bleu turquoise.

59 — Étui en vernis de Martin décoré de figures d'enfants dans le style de Boucher sur fond rayé rouge. Il est galonné d'or et renferme deux flacons.

60 — Étui en vernis de Martin fond rouge décoré d'arbustes et d'oiseaux en relief laqués or. Il est galonné et garni d'une douille en or.

61 — Porte flacons en vernis de Martin fond vert décoré de figures et d'oiseaux et enrichi d'un cloutage d'argent. Il renferme deux flacons et un petit entonnoir.

62 — Petite boîte ovale en argent doré enrichie d'ornements en argent repoussé émaillé en couleurs et rapportés. Époque Louis XIII.

63 — Jolie boîte en laque d'or du Japon, en forme de papillon très-finement décoré d'arbustes au pourtour et aventuriné à l'intérieur.

Orfévrerie

64 — Très-joli pot à eau en forme d'aiguière et sa cuvette en argent doré, finement ciselé à branches de laurier, fes-

tons de roses et ornements. Travail français du temps de Louis XVI.

65 — Autre vase de forme analogue et sa cuvette en argent gravé à fleurs, rinceaux et ornements. Époque Louis XVI.

66 — Joli sucrier de forme ovale en argent repoussé à figures de satyres et de bacchantes et enrichi de guirlandes de fruits. Époque Louis XVI.

66 *bis* — Deux flambeaux en argent. Style Louis XIII.

Miniatures et Émaux

67 — Jolie miniature ovale sur ivoire, signée Hall. Portrait de jeune femme vue de trois quarts. Cadre en or gravé à chaînette.

68 — Petite miniature ovale sur ivoire attribuée à Hall. Portrait de jeune homme portant le grand cordon de l'ordre du Saint-Esprit. Elle est montée dans un cercle d'or gravé et placée dans un médaillon surmonté d'un nœud de ruban en argent, enrichi de cailloux du Rhin.

69 — Miniature ovale sur ivoire signée Sicardi 1779. — Portrait du roi Louis XVI vu de trois quarts. — Monture en or gravé à chaînette surmontée d'un nœud de ruban.

70 — Miniature ovale sur ivoire signée SAINT. — Portrait de femme en costume Louis XVI, coiffée d'un chapeau noir et portant un petit chien sur ses bras. Cadre en argent gravé et doré.

71 — Miniature ovale sur ivoire signée HALL. — Portrait de jeune fille en costume Louis XVI. Cadre en argent gravé et doré surmonté d'un nœud de ruban.

72 — Miniature ronde sur ivoire. — Portrait d'homme assis et écrivant. Cadre en argent gravé et doré.

73 — Miniature gouachée sur ivoire de forme carré long, attribuée à CHARLIER. — Vénus nue et endormie dans un parc, près d'elle est un Amour. Cadre en argent gravé et doré enrichi de perles d'émail blanc.

74 — Miniature gouachée sur ivoire de forme carré long, attribuée à CHARLIER. — Jeune femme nue étendue sur un lit de repos. Cadre analogue à celui de la pièce qui précède.

75 — Miniature de forme carré long sur vélin, signée BLARENBERGHE A LILLE. — Joueur de musette faisant danser des marionnettes en présence de quantité de personnages assis à la porte d'une guinguette. Cadre en or gravé enrichi d'un large filet d'émail blanc.

76 — Très-jolie miniature ronde sur ivoire, par LAWRENCE. Intérieur Louis XVI; l'éducation du petit chien par deux

jeunes femmes. Cadre en or gravé à points d'émail blanc en relief.

77 — Miniature ronde sur ivoire, par LAWRENCE. Offrande à l'autel de l'Hyménée. Cadre en or gravé à chaînette.

78 — Deux miniatures rondes sur vélin, attribuées à BOTH et BAUDOIN. — Fête villageoise et scène champêtre. Cadres en or gravé.

79 — Deux grandes et jolies miniatures carrées sur vélin, signées BACLE, 1787. — L'une d'elles représente le château de Chilon sur le lac de Genève. Cadres en argent gravé et doré.

80 — Deux petites miniatures ovales sur vélin, signées VAN BLARENBERGHE. — Représentation théâtrale et vue de parc. Cadres en argent doré.

81 — Miniature ronde sur vélin. — Réunion de personnages dans un parc, regardant partir un ballon. Cadre en argent gravé et doré.

82 — Miniature ronde sur ivoire. — Louis XVI et sa famille dans la prison du Temple. Cadre doré.

83 — Miniature de forme carré long sur ivoire. — Psyché et l'Amour endormi. Cadre en argent doré.

84 — Miniature ronde sur ivoire. — L'Amour indiscret. Cadre en argent gravé et doré.

85 — Deux miniatures de forme carré long en hauteur. — La Partie de cartes dans un parc. Cadres à chevalet en argent gravé et doré.

86 — Miniature de forme carré long sur ivoire. — Sujet champêtre à figures dans la manière de Boucher. Cadre en argent gravé et doré.

87 — Miniature de forme carré long sur vélin. — Sujet champêtre à figures et animaux. Cadre en argent gravé et doré.

88 — Miniature ronde sur vélin. — Jeune femme et enfants dans une étable. — Cadre en argent gravé et doré.

89 — Petite miniature ronde sur ivoire. — Jeux d'enfants en costumes Louis XVI. Cadre en argent gravé et doré.

90 — Petite miniature ovale sur ivoire. — Groupe de trois enfants dans un parc. Cadre en argent gravé et doré surmonté d'un nœud de ruban.

91 — Jolie miniature de forme carré long sur ivoire. — Intérieur de style antique enrichi de cinq figures. — Cadre en or à filet d'émail bleu, appliqué sur fond de velours.

92 — Petit fixé de forme ronde. — Bergère en costume Louis XV. — Cadre en argent doré avec filet d'émail blanc,

93 — Fixé de forme carré long à angles coupés. — Sujet de marine. — Cadre en argent doré.

94 — Deux miniatures carrées sur vélin attribuées à Brentel et portant des inscriptions allemandes. — Sujets allégoriques à l'amour.

95 — Miniature ovale à l'huile sur cuivre. — Portrait de jeune homme en costume du XVIe siècle. — Cadre en argent composée de rinceaux finement gravés et découpés à jour.

96 — Médaillon ovale. — Portrait de femme en costume Louis XV peint sur émail et sur cuivre. — Cadre en argent gravé et doré.

97 — Jolie miniature sur vélin, de forme carré long par Guillaume Bauer (signée) portant la date de 1647. Elle représente un choc de cavalerie.

98 — Miniature sur vélin attribuée à Jean Breughel représentant la Conversion de saint Paul. Elle provient de la collection Tondu.

99 — Très-beau dessin gouaché sur vélin représentant une fête de jour au Colysée. Il porte l'inscription suivante : *Colysée, dessiné sur les lieux par Gabriel de Saint-Aubin*, 1772. Dans un cadre riche en argent doré.

100 — Autre joli dessin gouaché par *Saint-Aubin*. Il représente une Exposition de peinture et de sculpture. Cadre analogue à celui qui précède en argent doré.

101 — Dessin gouaché par Saint-Aubin représentant une

scène de ballet par les acteurs de la Comédie italienne. Cadre en argent doré.

102 — Miniature ovale sur vélin dans la manière de Charlier. Bacchante accroupie à demi nue, dans un parc enrichi d'une pièce d'eau. Cadre riche en argent doré.

103 — Miniature ovale sur vélin. — Portrait de femme en costume de bergère. Cadre en or gravé. Époque Louis XV.

104 — Médaillon ovale finement peint sur émail. — Portrait du roi Louis XIV. Travail de l'époque.

105 — Jolie miniature ronde sur vélin représentant un sujet tiré de l'histoire romaine. Travail de la fin du XVIe siècle.

106 — Miniature ovale sur vélin. — Portrait de la reine Élisabeth d'Angleterre.

107 — Miniature ovale sur vélin. — Portrait de madame la duchesse de Montespan.

108 — Deux petites miniatures ovales à l'huile. — Portraits de femmes en costumes de l'époque de Louis XIV. Dans des cadres en argent doré composés d'ornements découpés à jour.

108 *bis* — Quatre jolies miniatures rondes en grisaille sur fond noir, par Sauvage : — *A*. Amour nu monté sur un

satyre accroupi; — *B*. Adolescent debout près de l'autel de l'hyménée; — *C*. Amour sur un lion; — *D*. Offrande à l'autel de l'amour.

Médaillons en vernis de Martin

109 — Médaillon rond. Groupe de trois enfants jouant avec des fleurs, peints en couleurs dans la manière de Boucher, sur fond rouge quadrillé de vert. Cadre en argent gravé à chaînette et doré, surmonté d'un nœud de ruban.

110 — Médaillon rond. Trois jeunes enfants vendangeurs, en costumes Louis XV, décorés en couleurs sur fond vert quadrillé de rouge. Cadre analogue à celui qui précède.

111 — Médaillon rond. Groupe de deux figures d'enfants dans la manière de Boucher, peints en couleurs sur fond d'or quadrillé. Cadre analogue à ceux qui précèdent.

112 — Médaillon rond. Moïse sauvé des eaux, composition de cinq figures. Cadre doré.

113 — Médaillon ovale. Berger et bergère dans un parc; peinture en couleurs d'après Boucher, sur fond d'or guilloché. Cadre en argent gravé et doré.

114 — Médaillon ovale, analogue à celui qui précède. Groupe de deux figures dans un parc, couronnées par l'Amour.

115 — Médaillon rond peint en couleurs. Groupe de cinq figures costumées à l'orientale. Cadre gravé et doré.

116 — Médaillon ovale peint en couleurs. Chien de chasse en arrêt devant un faisan. Cadre gravé et doré.

117 — Médaillon ovale peint en couleurs. Jeune homme et jeune femme en costumes Louis XV et vus à mi-corps. Cadre gravé et doré.

118 — Médailllon de forme carré-long peint en couleurs. Berger et bergère d'après Boucher. Cadre gravé et doré.

119 — Médaillon ovale peint en couleurs. Portrait de femme en riche costume du XVIe siècle. Cadre gravé et doré.

120 — Médaillon ovale peint en couleurs. Portrait de jeune fille en costume Louis XVI. Cadre gravé et doré.

121 — Médaillon ovale en largeur. Groupe de cinq enfants dans un parc, jouant à la main chaude. Cadre gravé et doré.

122 — Médaillon rond peint en couleurs. Groupe de trois figures d'après Greuze; l'enfant jaloux. Cadre gravé et doré.

123 — Médaillon ovale peint en couleurs. Jeune garçon sculptant un buste. Cadre gravé en doré.

124 — Beau panneau en vernis de Martin, représentant un

groupe de danseurs en costumes Louis XV. Cadre à moulures dorées.

125 — Autre grand et beau panneau en vernis de Martin. Il représente un groupe de personnages en costumes Louis XV, faisant de la musique dans un parc. Cadre à moulures dorées.

Porcelaines

126 — Deux seaux ou jardinières, en ancienne porcelaine de Sèvres, pâte tendre, décorés d'Amours dans des nuages, d'après Boucher, en camaïeu rose.

127 — Deux autres seaux en porcelaine de Sèvres, pâte tendre, fond rose à médaillons de fleurs et décors d'or.

128 — Tasse trembleuse à couvercle en porcelaine de Sèvres, décorée de coquilles et d'ornements émaillés en couleurs.

129 — Candélabre à trois lumières en ancienne porcelaine de Saxe, orné d'un groupe représentant Diane et son chien.

130 — Deux figurines en ancienne porcelaine de Saxe, l'Automne et l'Hiver.

130 *bis* — Groupe de trois figures en ancienne porcelaine de Saxe. Sujet galant du temps de Louis XV.

131 — Service de table en ancienne porcelaine de Saxe décorée de bouquets de fleurs et d'un feston de branches de chêne rehaussées d'or. — Il se compose de cinquante-huit assiettes, deux sceaux à glace, deux plateaux sur piédouche, deux plateaux ovales, quatre compotiers carrés, quatre compotiers ronds et deux sucriers avec plateaux pour le sucre en poudre.

132 — Douze assiettes creuses en ancienne porcelaine de Saxe, à ornements gaufrés en relief et décorées de groupes de fruits et de fleurs en couleurs et encadrements d'or.

133 — Écuelle à deux anses formées de branchages, couvercle et plateau, en ancienne porcelaine de Saxe, à ornements gaufrés en relief et décorée de fleurs en couleurs.

134 — Bol et plateau eu ancienne porcelaine de Saxe, décorés de médaillons de personnages en couleurs et de dentelles d'or. Le bol présente à l'intérieur un médaillon décoré en camaïeu rose.

135 — Beau vase en ancienne porcelaine de Saxe, à mascarons en relief et à anses rocaille enrichies de figurines debout. Il est décoré en couleurs à ornements et fleurs et son couvercle est découpé à jour.

136 — Brûle-parfums reposant sur trois consoles et plateau rond en ancienne porcelaine d'Allemagne, décorée de fleurs et d'ornements rocaille ; le couvercle se compose d'ornements rocaille découpés à jour. Monture à gorge à charnière en cuivre doré.

137 — Tassse trembleuse en ancienne porcelaine de Saxe à bords gaufrés et décorée de fleurs. La soucoupe est garnie d'une galerie formée de branchages découpés à jour.

138 — Deux petites tasses de forme droite, en ancienne porcelaine de Sèvres, pâte tendre, décorée de fleurs.

139 — Groupe en ancienne porcelaine de Saxe : jeune femme assise près d'une table garnie d'un déjeuner.

140 — Autre groupe en ancienne porcelaine de Saxe; jeune femme assise et écrivant.

141 — Deux statuettes en porcelaine de Saxe; jardinier et jardinière debout.

141 *bis* — Deux petites statuettes d'Amours habillés, en porcelaine de Saxe.

142 — Deux figurines en ancienne porcelaine de Saxe; singe jouant de la musette et jeune fille tenant une corbeille de fleurs.

143 — Vide-poche formé d'une figurine de Chinois à califourchon sur une coquille ; en ancienne porcelaine de Saxe décorée en couleurs.

144 — Groupe en ancienne porcelaine de Saxe, formé d'une figurine d'homme assis, tenant le couvercle d'un pot à

crème entr'ouvert ; ce dernier est décoré de volatiles et de fleurs en couleurs.

145 — Pièce de surtout, en ancienne porcelaine de Saxe, formée d'une corbeille supportée par un groupe de deux figures d'enfants.

146-147 — Quatre bouteilles de forme carrée, en ancienne porcelaine de Saxe, décorées de bouquets de fleurs en couleurs sur fond bleu clair et rehauts d'or.

148 — Grande tasse à deux anses et couvercle, en ancienne porcelaine de Sèvres, pâte tendre à fleurs gaufrées sous émail et fleurs décorées en couleurs.

149 — Tasse modèle cul de poule, en ancienne porcelaine de Sèvres, pâte tendre, fond gros bleu, à médaillons d'oiseaux et décor d'or.

150 — Pot à pommade à couvercle, en ancienne porcelaine de Sèvres, pâte tendre, fond gros bleu, à médaillons d'oiseaux et décor d'or.

151 — Tasse modèle cul de poule, en pâte tendre, fond vert pomme caillouté d'or et médaillon de personnages.

152 — Sucrier à saupoudrer en ancienne porcelaine de Saxe, en forme de vase à deux anses, décoré de jeux d'enfants

et de festons de fleurs en camaïeu rose, et de rosaces sur fond vert.

153 — Magnifique écritoire formée d'un plateau en laque noir à décor d'or, monté en bronze doré. Il supporte deux godets en cristal de roche de travail chinois; deux godets en ancien céladon bleu turquoise, découpés à jour, et deux porte-plumes de même porcelaine ; le tout garni en bronze doré et enrichi de deux branches porte-lumières garnies de fleurs de porcelaine.

154 — Fontaine de forme droite à contours en faïence de Moustiers à décor polychrome, accompagnée d'une cuvette.

154 *bis* — Dessus de console de même faïence.

155 — Garniture de cinq pièces, potiches et cornets en ancienne porcelaine de Chine fond gros bleu et décor d'or, socles en bois sculpté.

156 — Jolie jardinière de forme carré long, en ancien céladon bleu turquoise.

157 — Jardinière analogue à celle qui précède, mais plus petite.

158-159 — Deux petits plateaux de forme carré long reposant sur quatre pieds bas, en ancien céladon bleu turquoise. Ils seront vendus séparément.

160 — Petit vase, modèle balustre, en porcelaine de Chine, décoré de fleurs sur fond vert.

161 — Deux groupes en biscuit de Sèvres; Vénus et amour.

162 — Deux très-jolis petits bustes d'enfants en ancienne porcelaine blanche de Saxe.

163 — Socle de forme ovale, en ancienne porcelaine blanche, enrichi de figures de femmes et de satyres, et de festons de vigne en relief.

164 — Petit vase en ancienne porcelaine de Hœchst enrichi de figures en relief et d'ornements en or.

165 — Belle plaque de forme contournée, en ancienne porcelaine blanche, présentant en relief les bustes de Marie-Thérèse et de François-Joseph d'Autriche. Cette plaque porte l'inscription suivante : FRANCISCUS. LOTH. MARIA. THERESA. AUSTRIACA. R. T. S. A. VIRTUTE. AMORE. ET. IMPERIO. PARES. Cadre en bronze doré.

166 — Ecritoire formant flambeau, en faïence allemande décorée de paysages en couleurs sur fond blanc.

167 — Flacon carré en verre émaillé à figures de rabins et fleurs, et portant une inscription hébraïque.

168 — Petit verre de Bohême de forme ovale et à pans, très-finement gravé à bustes et ornements et portant le double aigle d'Allemagne.

168 *bis* — Sucrier en porcelaine de Saxe, à couvercle et à deux anses formées de têtes de béliers; il est décoré de bustes en grisaille sur fond rose, et il est accompagné d'un plateau à bords découpés à jour.

Sculptures

169 — Jolie statue en marbre blanc, signée E. Masson, *fecit* au XIII. — Jeune fille nue assise, tenant un miroir de la main droite. Grandeur deux tiers nature. Piédestal tournant en bois d'acajou.

170 — Figurine de femme accroupie, en marbre blanc. Travail du temps de Louis XVI.

171 — Ivoire. — Figurine d'enfant couronné de pampres et portant des raisins dans son vêtement relevé.

172 — Ivoire. — Figurine d'enfant debout s'appuyant sur un tronc d'arbre. Sur socle en bois sculpté à festons de vigne.

173 — Ivoire. — Figurine de femme nue et debout tenant de

ses deux mains une aiguière. Socle carré à moulures guillochées en bois noir.

174 — Ivoire. — Deux figurines debout représentant Flore et Bacchus.

Objets variés

175 — Émail de Limoges. — Plaque carrée décorée en émaux de couleurs et sur paillons, par Léonard Limousin. Elle offre le sujet de la Présentation au peuple. Les initiales de l'artiste se trouvent sur une oriflamme.

176 — Deux figurines en bronze doré représentant Flore et Cérès. Ouvrage italien du commencement du XVIIe siècle.

177 — Cassolette en bronze reposant sur quatre pieds élevés et dont la panse présente des caractères chinois en relief. Socle et couvercle en bois sculpté découpé à jour. Travail chinois.

178 — Brûle-parfums de forme surbaissée et à contours à anses surélevées et reposant sur trois pieds bas. Bronze chinois rehaussé de parties dorées.

179 — Petit buste d'enfant en bronze argenté. Jean qui rit.

180 — Boite à ouvrage en marqueterie du Bengale, à compartiments intérieurs et garni de ses ustensiles d'ivoire.

181 — Grande boite de forme carré long, en laque aventuriné du Japon, à décor de paysage et figures en or et à compartiments à l'intérieur. Elle est garnie d'écoinçons et de fermoirs en argent gravé.

182 — On vendra sous ce numéro les objets omis.

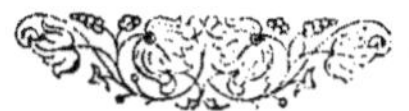

www.ingramcontent.com/pod-product-compliance
Lightning Source LLC
LaVergne TN
LVHW020258230826
846091LV00006B/2477

9782329521466